LIEUTENANT ROBERT

Centre d'Instruction de Mitrailleurs de Bourges

... " J'ai pris une

Mitrailleuse boche "...

- QU'EN FAIRE ?

PARIS

—— LIBRAIRIE CHAPELOT ——

MARC IMHAUS & RENÉ CHAPELOT, ÉDITEURS

30, Rue Dauphine, VI° (Même Maison à NANCY)

- 1916 -

11ème Mille

PRIX : 0 FR. 60

Mon Cher Camarade,

Ne vous êtes-vous pas, déjà, posé cette question :

« ... Si, au hasard du combat, un de mes braves poilus
« me disait : " Mon Lieutenant, nous venons de
« prendre une mitrailleuse boche ! ... " ».

— Qu'est-ce que j'en ferais ?? »

Le présent opuscule n'a d'autre but que de vous tirer
de cet embarras.

En quelques pages et quelques gravures, vous serez
suffisamment documenté et vous n'aurez plus qu'à attendre la
bonne aubaine..... que je vous souhaite.

LIEUTENANT ROBERT
Instructeur au Centre de Mitrailleurs de Bourges.

Il reste entendu, toutefois, que lorsqu'un mitrailleur se trouvera à
proximité, il y aura intérêt à faire appel à ses connaissances particulières.

.....“J’ai pris une Mitrailleuse boche”...

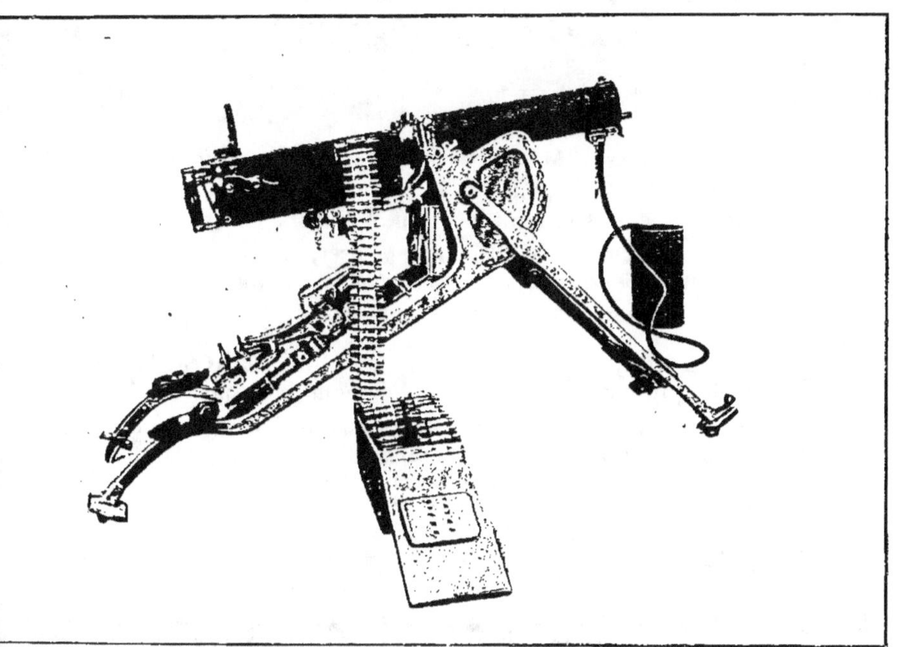

Mitrailleuse “ **Maxim** ” sur son affût dans la position normale,
avec sa caisse et ses bandes porte-cartouches, son tube et son pot d’échappement de vapeur.

(La hausse, dans sa position verticale, est prête pour le tir.)

= QU’EN FAIRE ?

PARIS

—— LIBRAIRIE CHAPELOT ——

MARC IMHAUS & RENÉ CHAPELOT, ÉDITEURS

30, Rue Dauphine, VI⁰ (Même Maison à NANCY)

= 1916 =

AVANT - PROPOS

Quelques mots sur la mitrailleuse "Maxim". == Pourquoi tous les Chefs de Section d'Infanterie doivent la connaître.

**2 choses à vérifier : son "bloc d'alimentation",
son "manchon réfrigérant".**

**3 choses à apprendre : Charger l'arme,
Pointer l'arme,
Faire feu !...**

La mitrailleuse "Maxim"[1] utilise, pour son fonctionnement, la " force du recul ".

Elle pèse, avec son affût, environ 50 kilos.

Elle tire la cartouche allemande Mauser, du calibre 7 ⅜ 90 montée sur bande-toile (*250 cartouches sur une bande-toile de 5ᵐ 50 de long*).

MANCHON RÉFRIGÉRANT   Elle a, à première vue, l'apparence d'un petit canon. C'est l'impression qu'elle produit à quiconque la voit pour la première fois.

Or, ce cylindre, relativement énorme (*107 ⅜*) qu'on aperçoit tout d'abord, n'est autre qu'un manchon creux, en tôle d'acier, appelé **"manchon réfrigérant"**, dans lequel passe le canon. (*Voir fig. 1*).

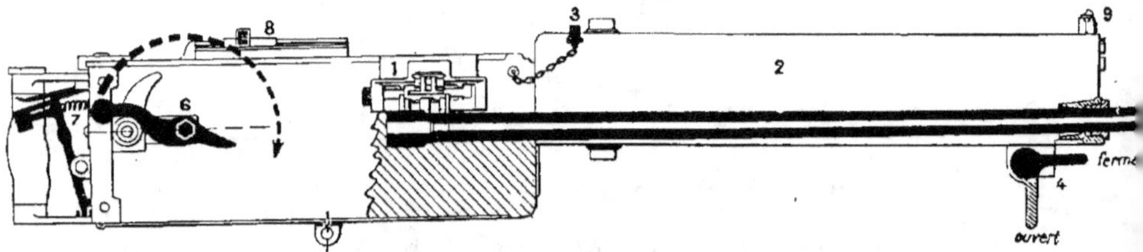

Fɪɢ. 1

1 - Bloc d'alimentation. — 2 - Manchon réfrigérant. — 3 - Bouchon de remplissage. — 4 - Manette du trou de vidange
5 - Canon. — 6 - Levier d'armement. — 7 - Système de détente. — 8 - Hausse. — 9 - Guidon.
(*La ligne pointillée indique la manœuvre du levier d'armement, pour armer la pièce.*)

Ce manchon réfrigérant (*contenance 4 litres*) doit toujours être plein d'eau (*2 litres peuvent suffire, à la rigueur, pour un tir de 1.000 cartouches : 4 bandes*). Il fait l'office de "refroidisseur du canon" pendant le tir. Faute de cette précaution, celui-ci s'échaufferait à un point tel, qu'après 250 cartouches tirées sans arrêt, il se fendrait et deviendrait, de ce fait, inutilisable.

(1) Hiram Maxim - Ingénieur américain né à Sangersville (*États-Unis*) en 1840. — L'invention de sa mitrailleuse date de 1882 : le modèle actuel de 1907

L'eau contenue dans le "manchon réfrigérant" entre en ébullition vers 500 coups; c'est pour dissimuler le jet de vapeur qui décélerait la présence de la mitrailleuse, qu'il porte, à sa partie avant, un tube destiné à conduire cette vapeur dans un pot d'échappement ou dans un trou pratiqué en terre, à proximité de la pièce.

BLOC ALIMENTATION La mitrailleuse "Maxim", comme toutes les mitrailleuses d'ailleurs, possède un *mécanisme d'alimentation* chargé de faire avancer la bande porte-cartouches et de fournir ainsi, à l'arme, ses munitions au fur et à mesure de leur consommation.

Dans la "Maxim", ce mécanisme est placé dans un **" bloc d'alimentation "** que les mitrailleurs allemands emportent quelquefois avec eux.... lorsqu'ils sont obligés d'abandonner leur pièce.

Il est très facile de se rendre compte si le " bloc d'alimentation " a été enlevé (Voir fig. 2, page 6).

- RÉSUMÉ -

Lorsque nous trouverons une mitrailleuse boche, nous aurons à vérifier :

- Si les servants n'ont pas enlevé le **" bloc d'ali= mentation ";**

- S'ils n'ont pas vidé le **" manchon réfri= gérant ".**

Ensuite, pour nous familiariser avec elle, nous la ferons fonctionner 3 ou 4 fois à vide *(levier d'armement - fig. 1 - et détente - fig. 5).*

Il ne nous restera plus qu'à apprendre,

à : **Charger l'arme,**
Pointer l'arme,
Faire feu !...

Cinq minutes suffisent.

Au cours de toutes nos attaques, quantité de mitrailleuses allemandes sont tombées aux mains de nos premières vagues d'Infanterie ; les mitrailleurs les ont, généralement, très bien utilisées. Dans la troupe, au contraire, elles n'ont souvent suscité qu'un sentiment de curiosité. On faisait, volontiers, le cercle autour d'elles.

" Mise en batterie "
L'AFFUT ÉTANT DANS LA POSITION NORMALE

Montrant le tube à vapeur, un *ignorant* assurait, ici, que... " c'était une machine à fabriquer des gaz asphyxiants ".

Là, un autre affirmait : "c'est sûrement un canon de tranchées...".

Combien il eût été avantageux d'avoir des hommes susceptibles d'*utiliser* ce matériel tombé entre nos mains. Nous savons tous, en effet, qu'une attaque heureuse appelle toujours une contre-attaque ennemie, laquelle viendra, soit le lendemain, soit le jour même, soit dans l'heure suivante... *C'est cette heure qu'il faut savoir mettre à profit, pour utiliser la prise heureuse qu'on a faite.*

Pendant que les hommes retourneront la tranchée et ses défenses accessoires, le Chef de section avisé, dressera 2 soldats débrouillards : En 1 minute, la mitrailleuse boche sera retournée ; en 5 minutes, elle sera prête. *La valeur défensive de la tranchée conquise sera décuplée.*

Comme chacun, alors, se sentira plus fort en pensant :

...« Quand les boches vont s'amener, tout à l'heure, qu'est-ce qu'ils vont prendre !... »

" En hotte "
1 SEUL HOMME TRANSPORTE LA PIÈCE
AVEC L'AFFUT DANS LA POSITION NORMALE

On lira, dans le regard attentif des 2 mitrailleurs occasionnels choisis, tout le prix qu'ils attachent, en cette minute, à l'enseignement rapide qui va leur être donné, aux connaissances particulières et à la valeur personnelle du Chef qui va les instruire d'une façon si exceptionnellement utile !...

* *
*

NE MODIFIEZ PAS
LA POSITION DE L'AFFUT

Retournez la mitrailleuse telle que vous la trouvez :

" Mise en batterie "
L'AFFUT ÉTANT DANS LA POSITION COUCHÉE

" En brancard " (¹)
2 HOMMES TRANSPORTENT LA PIÈCE AVEC L'AFFUT
DANS LA POSITION COUCHÉE

" En traîneau "
1 SEUL HOMME PEUT TRAINER L'ENSEMBLE

si l'affût est dans la position normale, laissez-le dans la position normale ; s'il est dans la position couchée, laissez-le dans la position couchée, faute de quoi, *il vous faudrait modifier aussi tout le mécanisme de pointage* et songez que l'ennemi sera là... dans 1/4 d'heure peut-être :

Soyez prêt,
rapidement prêt.

* *
*

Transportons - nous

maintenant

sur le

Champ de bataille...

(1) C'est ainsi qu'au début de la guerre les mitrailleurs allemands circulant parmi les brancardiers, plaçaient et déplaçaient en toute quiétude leurs mitrailleuses. Une couverture jetée sur l'ensemble, laissait supposer qu'ils relevaient leurs blessés.

...Mon Lieutenant, nous venons d

1ᵉʳ POINT A ÉCLAIRCIR

NON

La mitrailleuse n'est pas utilisable :

1º **Si elle a été détériorée** (soit par notre artillerie, soit par les servants; ce qui est facile à observer par un rapide examen de la pièce);

2º **Si les servants ont enlevé le " bloc d'alimentation "**.

Le "bloc d'alimentation" a été enlevé.

Le "bloc d'alimentation" n'a pas été enlevé.

Fɪɢ. 2.

— QU'EN FAIRE ?

1º **Si la pièce est détériorée,** ne point s'en occuper; elle est inutilisable pour vous comme pour l'ennemi.

2º **Si le " bloc d'alimentation " a été enlevé** et si la **pièce semble encore en bon état,** la faire transporter à l'arrière, car en cas de contre-attaque heureuse pour lui, l'ennemi pourrait réutiliser sa mitrailleuse en replaçant le "bloc d'alimentation" emporté.

Si impossible de la faire transporter à l'arrière, la détériorer sur place, à coups de pioche (soit dans le couvercle de la boîte de culasse, soit dans le mécanisme de détente) ou crever le manchon réfrigérant en tirant dedans 4 ou 5 cartouches, de préférence dans la partie basse et de biais pour provoquer une large déchirure.

ndre une mitrailleuse boche !...

Mitrailleuse est-elle utilisable ?

OUI

La mitrailleuse semble utilisable :

1° Elle n'a pas été détériorée ;

2° Les servants n'ont pas enlevé le " bloc d'alimentation ".

— QU'EN FAIRE ?

S'assurer : 1° Qu'il y a des **munitions** à proximité (*les rassembler*) ;

2° Que le **manchon réfrigérant** n'a pas été vidé (*le remplir* (Voir "Bouchon de remplissage" N° 3 de la fig. 1) *avec eau, café, vin, urine et veiller à ce que la "manette du trou de vidange" soit bien fermée.* (Voir N° 4 de la fig. 1).

3° Que le **canon** n'a pas été bouché (*le déboucher*) [1];

Puis, retourner la pièce face à l'ennemi (*au besoin, aménager un peu la tranchée*).

Ensuite dresser, en 5 minutes, deux soldats débrouillards
pour : **Charger l'arme,**
Pointer l'arme,
Faire feu !...

L'un sera **tireur** et s'occupera de la **pièce,**
L'autre sera **chargeur** et s'occupera des **munitions.**

---

(1) L'affût comporte généralement un canon et une ou deux culasses de rechange ; mais leur mise en place ne peut être exécutée que par un mitrailleur ayant des connaissances spéciales sur le démontage de l'arme.

CHARGER L'ARME
en 4 temps

Introduire la bande porte-cartouches par la droite du "bloc d'alimentation", jusqu'à ce qu'une 1ère cartouche soit engagée à l'intérieur du couloir. *(Fig. 3)*.

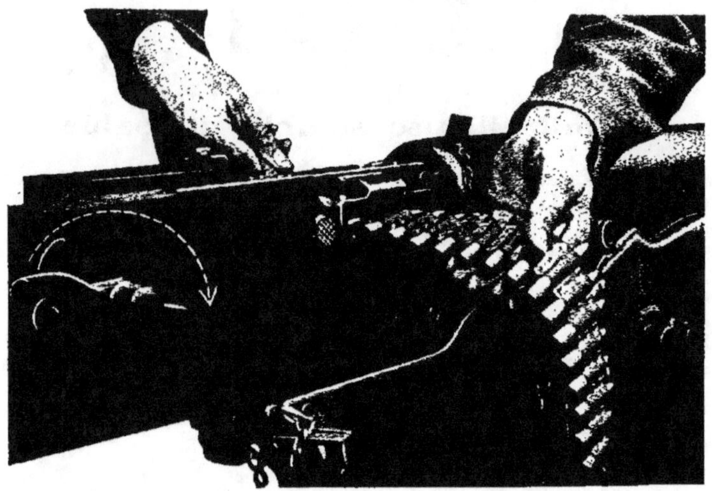

(La ligne pointillée indique la manœuvre du levier d'armement, pour armer la pièce.)

FIG. 3

Puis, marquant un petit arrêt entre chaque temps :

1er TEMPS = **Armer** *(maintenir le levier d'armement à sa position avant)*.

2e TEMPS = **Tirer à fond sur la bande** *(côté gauche de la pièce)*, puis, ensuite, **abandonner le levier d'armement** pour qu'il revienne violemment à sa position arrière.

3e TEMPS = **Armer** une seconde fois (Comme 1er temps).

4e TEMPS = **Tirer à fond sur la bande** *(côté gauche de la pièce)*, puis, ensuite, **abandonner le levier d'armement** pour qu'il revienne violemment à sa position arrière. (Comme 2me temps).

LA PIÈCE EST PRÊTE POUR LE TIR

NOTA. — *Cette manœuvre, en 4 temps, est à exécuter chaque fois qu'on charge l'arme avec une nouvelle bande. Elle est très simple mais, néanmoins, assez délicate pour qu'on y prête une attention toute spéciale. L'exécuter lentement.*

POINTER L'ARME

AUSSE. — Placer la hausse dans sa position verticale, si elle n'y est déjà ; le curseur (*à 2 poussoirs*) à la division numérique désirée. (*La hausse allemande est graduée de 400 à 2.000 mètres*).

FFUT. — Il y a, sur l'affût, 2 manettes de blocage.
Une *manette* (**A**) qui, *débloquée*, permet le *pointage en direction*.
Une *manette* (**B**) qui, *débloquée*, permet le *pointage en hauteur*.

Fig. 4

Les 2 manettes (A et B) étant débloquées lorsqu'elles sont dans leur position avant (*comme sur la fig. 4*),

le pointage en direction sera obtenu en faisant mouvoir l'arme, soit vers la gauche, soit vers la droite ; [1]

le pointage en hauteur sera obtenu au moyen du *volant de pointage* (**V**) la ligne de mire passant par le pied du but [2].

— *Cette manœuvre rappelle presque exactement celle de notre chevalet de pointage pour l'Instruction du Tir.*

---

(1) Pour le tir avec fauchage en largeur, la mitrailleuse est déplacée lentement et régulièrement dans le sens latéral (*Règlement allemand*).
(2) Le volant de pointage peut prendre une position haute et une position basse ; c'est seulement lorsqu'il est à sa position basse qu'il actionne le mécanisme de pointage en hauteur.

FAIRE FEU!...
en 2 temps

NOTA. — *Dans la mitrailleuse " Maxim ", la détente ne peut fonctionner que si elle est dégagée de son linguet de sûreté.*

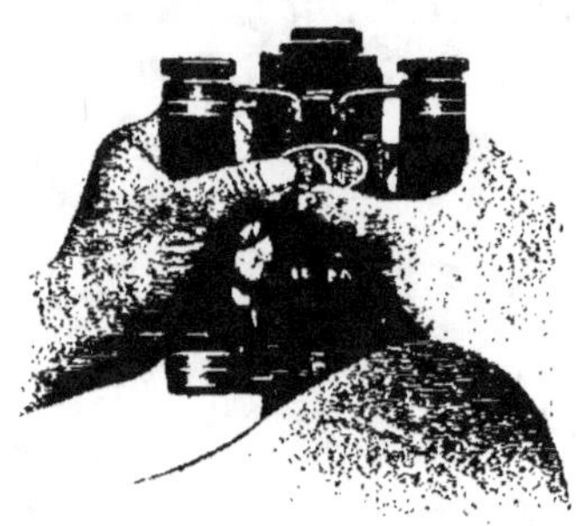

FIG. 5

Saisir les 2 poignées de l'arme avec les 2 mains, les 2 pouces se touchant.

1er TEMPS = Avec le pouce droit[1] dégager, vers la droite, le poussoir quadrillé du linguet de sûreté (*voir fig.* 5).

2e TEMPS = Appuyer sur la détente avec les 2 pouces.

POUR CONTINUER LE FEU : Continuer d'appuyer sur la détente, en dirigeant la ligne de mire sur l'objectif.

POUR CESSER LE FEU : Cesser d'appuyer sur la détente.

POUR REPRENDRE, A NOUVEAU, LE FEU : Dégager, à nouveau, le poussoir quadrillé du linguet de sûreté et appuyer, à nouveau, sur la détente.

POUR DÉGAGER UNE BANDE : Armer *(maintenir le levier d'armement à sa position avant)*, puis agir sur le poussoir quadrillé du " bloc d'alimentation " (*voir fig.* 6), et retirer la bande. Ensuite, armer 2 fois par sécurité.

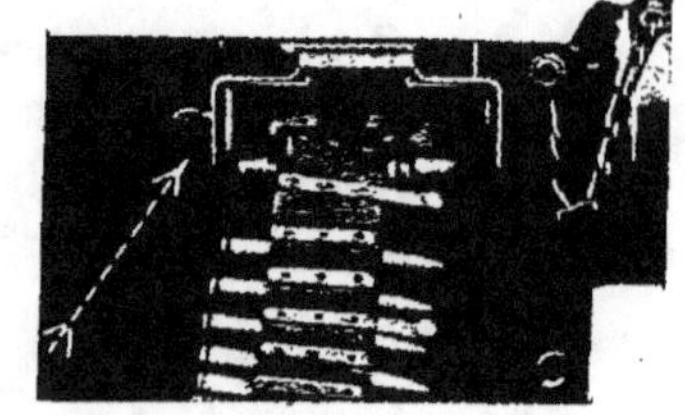

FIG. 6
POUR DÉGAGER UNE BANDE

---

(1) La même manœuvre peut être exécutée avec le pouce gauche, notamment lorsque la main droite doit agir sur le volant de pointage.

La mitrailleuse boche est chargée et pointée.

Nous avons, près de nous, des munitions et de l'eau pour remplir à nouveau le " manchon réfrigérant ", après environ 1.500 cartouches *(6 bandes)*. Tout semble en parfait état, essayons l'arme :

.....tac, tac, tac, tac, tac, tac, tac, tac, tac.....

tout fonctionne,

nous voilà prêts,

attendons - *les*...!

***

Il est indispensable de savoir charger l'arme

Si donc la mitrailleuse prise est déjà chargée, c'est-à-dire, si une bande est déjà engagée dans le couloir du "bloc d'alimentation", il est préférable de **dégager cette bande** *(fig. 6)*, et de **recharger l'arme** *(page 8)*, pour se familiariser avec cette manœuvre très simple mais, néanmoins, **assez délicate.** L'exécuter lentement.

En cas d'**arrêts de tir** ou de **ratés :**

Armer *(maintenir le levier d'armement à sa position avant)*,
Tirer à fond sur la bande *(côté gauche de la pièce)*,
Abandonner le levier d'armement,
Reprendre le tir.
(Comme pour " Charger l'Arme ").

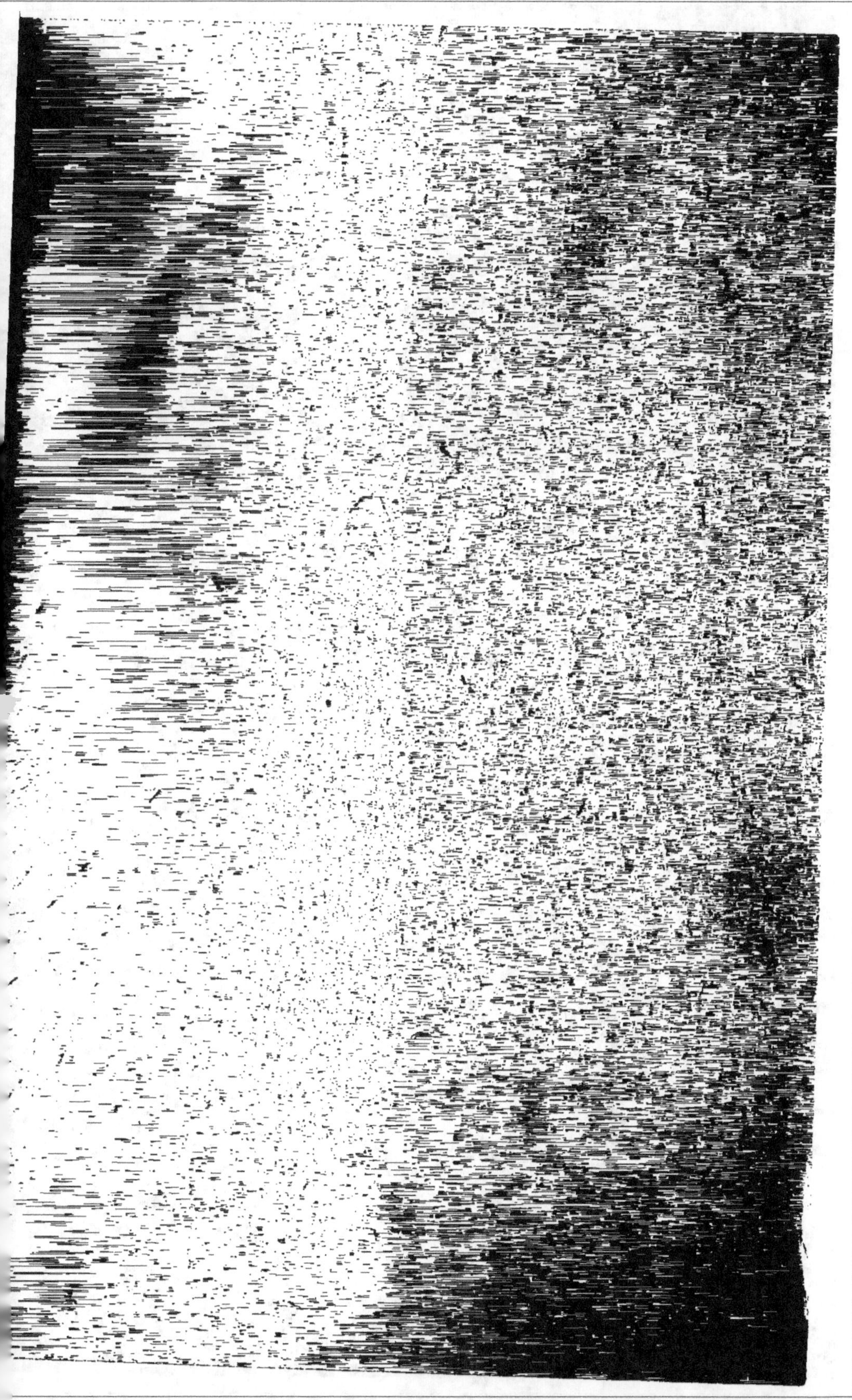

LA MÊME LIBRAIRE